Taihu See Qigong

Hartmut von Czapski

Taihu See Qigong

Hartmut von Czapski

Impressum

Bibliografische Information der Deutschen Nationalbibliothek:
Die Deutsche Nationalbibliothek verzeichnet diese Publikation in der Deutschen Nationalbibliografie; detaillierte bibliografische Daten sind im Internet über http://dnb.dnb.de abrufbar.

Fotografien von Ellen und Hartmut von Czapski

Herstellung und Verlag: BoD – Books on Demand, Norderstedt

ISBN: 9783750494091

Inhaltsverzeichnis

Über den Autor

Hartmut von Czapski

Heilpraktiker seit 1984. Seit 1987 Ausübung der Akupunktur(Lehrerin Fr. Dr. Li Te, Chefärztin der Nankei Klinik). Mehrere Aufenthalte in China mit Fachfortbildungen.

1987 Wissenschaftliche Weiterbildung der Uni. Tübingen bestanden: „Ökologie und ihre biologischen Grundlagen".

Seit 1990 Seminare, Yoga und Qi Gong Kurse an verschiedenen V.H.S. Der Umgebung. U.a. 25 Jahre Tätigkeit an der V.H.S. Wesel. Seit 1990 weit über 1000 Qi Gong Unterrichtsstunden abgehalten.

Qi Gong Lehrer 49009 des Mi Gong Rulai Buddhistisches Zentrum für Qi Gong, Shanghai.

Ausbildung zum Qi Gong Therapeuten durch Prof. Wu, Shanghai.

Vorträge auch für die Firma Vitorgan und auf der Medica in Düsseldorf über die Behandlung von Incontinenz mit T.C.M..

1999 Akupunktur-Fachfortbildung für Zahnärzte; Lehrertätigkeit an der HP Schule Dinslaken, Kurse über verschiedene Therapien(Homöopathie,

Ausleitungsverfahren, FRZM, u.a.), auch Prüfungsvorbereitungskurse.

Unterrichtete Qi Gong Formen:

Medizinisches Qi Gong nach Prof. Wu.

Taiji- Qigong nach Li Ding.

Zehn Meditationen auf dem Berg WU DANG.

Die Achtzehnfache Methode der Übung.

Die „Bewegungen der 5 Tiere".

Qi Gong nach Guo Lin zur Immunstärkung.

Die „Acht eleganten Übungen. "

"Wai dan gung"

Tai Chi für Anfänger nach Dr. Jiang Hao-quan.

Tai Hu Qi Gong

Und vieles mehr.

Qi Gong

Der Begriff „Qi Gong" umfasst verschiedene Arten von Übungen um das „Qi", die Lebensenergie, aufzunehmen und in den Energieleitbahnen, den so genannten „Meridianen", fließen zu lassen.Es ist eine Substanz, die man normalerweise nicht sehen und nicht tasten, aber fühlen kann. Die alten chin. Philosophen dachten, dass Qi eine Ursprungssubstanz ist, die beim Urknall entstand.

Nach der chin. Med. Auffassung ist Qi eine kontinuierlich bewegte und aktive Substanz, die Grundsubstanz, aus der Körper entstehen. Qi erhält die menschlichen Lebensfunktionen. Nach der Definition ist Qi im Qi Gong eine „Essenz"- Substanz im Körper mit einer bestimmten Energie. Qi kann im Körper gebildet, entwickelt, umgewandelt und bewegt werden. Die Atmung bewegt die Energie in den Meridianen. Aber auch nach langer Übung des Qi Gong kann man das Qi mit dem Geist im Körper bewegen und aufnehmen.

Diese Körper- und Atemübungen haben eine mindestens 4000 Jahre alte Tradition in China, wie man durch Beschreibungen auf Grabbeigaben feststellen konnte. Man unterscheidet die verschiedensten Arten von Übungen. Einerseits das weiche Qi Gong, dass viele meditative, auf der Vorstellungskraft beruhende Elemente enthält und oft im Sitzen oder Liegen durchgeführt wird. Andererseits kennen wir das harte Qi Gong, das auch die Muskulatur und die Sehnen stärkt und die inneren Organe massiert. Man denke z.B. an die Leistungen der Shaolin Mönche im Kung Fu oder an die akrobatischen Fähigkeiten der Schauspieler der Peking Oper. Doch Qi Gong Übungen stärken nicht nur den Körper, sondern beruhigen auch den Geist und regulieren das vegetative Nervensystem.

Eine besondere Form ist das therapeutische Qi Gong, das bestimmte Übungen bei bestimmten Erkrankungen vorschreibt. Wie jede empirische Wissenschaft wird Qi Gong auch immer weiterentwickelt. So wurden in den letzten Jahrzehnten z.B. bestimmte neue Übungen zur Krebsbekämpfung durch ihre guten Erfolge berühmt(Qi Gong nach Guo Lin zur Immunstärkung). Das Bluthochdruckforschungsinstitut Shanghai hat bereits 1978 Arbeiten mit Berichten über Veränderungen veröffentlicht, die Qi Gong im EKG und EEG bewirkt. Es wurden weiterhin Arbeiten darüber veröffentlicht, dass unser sympathisches Nervensystem, das durch dauernden Stress überaktiv ist, durch Qi Gong eine Entspannung durch Überwiegen des Parasympathikus erreicht.

In China gibt es in vielen Krankenhäusern, neben der Abteilung für Schulmedizin eine Abteilung für traditionelle chinesische Medizin. Dazu gehört auch der

Behandlungsraum für den Qi Gong Therapeuten. Hier werden dem Patienten nicht nur Übungen beigebracht die er zuhause regelmässig üben soll, der Therapeut führt dem Patienten auch Energie zu, die er selber aufgenommen hat.

Die Ausbildung zum Qi Gong Therapeuten ist normalerweise langwierig. Nach 5 Jahren Übung kann man Qi Gong Übungen lehren, nach 10 Jahren auch therapieren.

Herr von Czapski ist von Prof. Wu Zhong Hu zum Qi Gong Therapeuten ausgebildet worden.

Wichtige Energiezentren

Hui Yen, KG1. In der Mitte des Damms, zwischen Anus und Geschlecht.

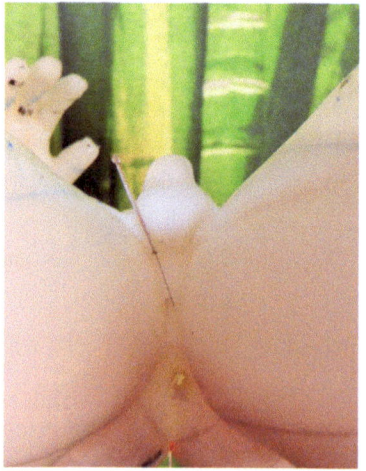

"Echtes" Dantian. Liegt zwischen Bauchnabel und Wirbelsäule. Unteres Dantian, etwa 2 Querfinger breit unter dem Bauchnabel. Ca. auf Höhe des Akupunktur Punktes " Qi Hai", Meer der Energie.

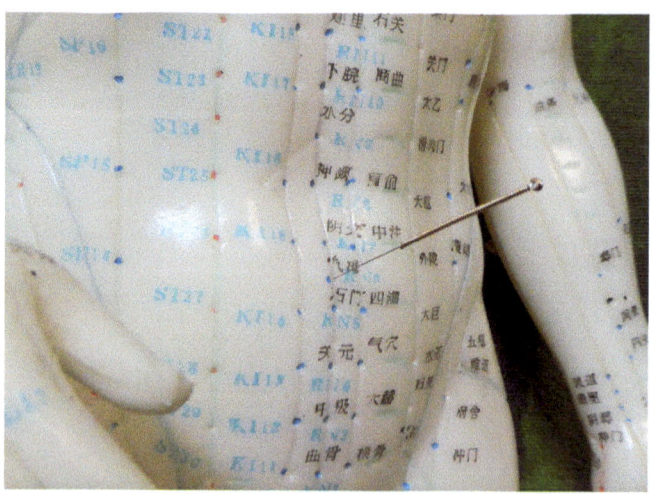

Mittleres Dantian, Herzzentrum. Auf Höhe einer Kuhle auf dem Brustbein, zwischen den Brustwarzen. "Tan Zhong" (KG17).

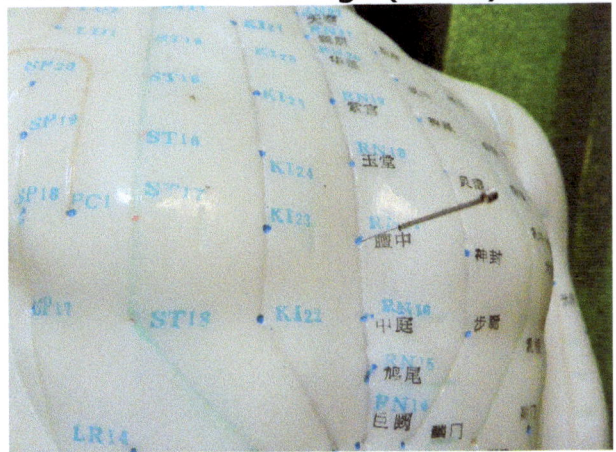

Oberes Dantian, "Yintang". Zwischen den Augenbrauen, kurz über der Nasenwurzel.

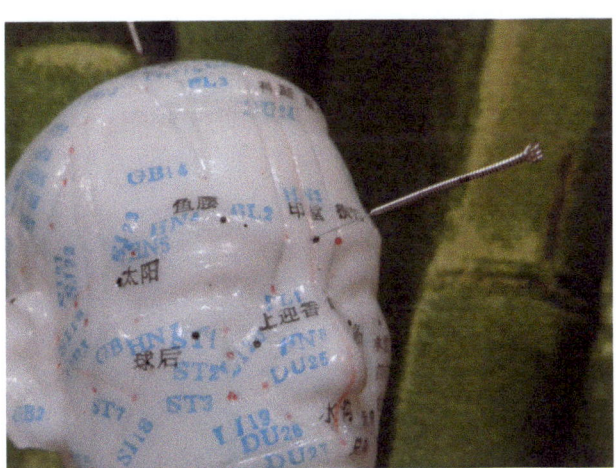

Bai Hui. In der Mitte einer gedachten Linie zwischen den Ohrspitzen in einer kleinen Kuhle gelegen.

Mingmen. Wenn man die Zeigefinger Oberkanten unter den hinteren Rippenbogen legt und die Daumen Richtung Wirbelsäule streckt, kommt man mit den Daumenspitzen zum Mingmen Punkt auf der Wirbelsäule.

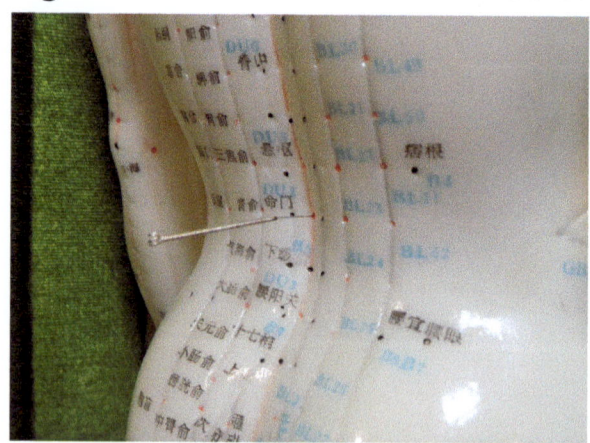

Energie Aufnahme und Abgabe Punkte

Yongchuan. Wenn wir die Zehen "in den Boden krallen" entsteht eine Kuhle unterhalb der Grundzehengelenke. Punkt Niere 1.

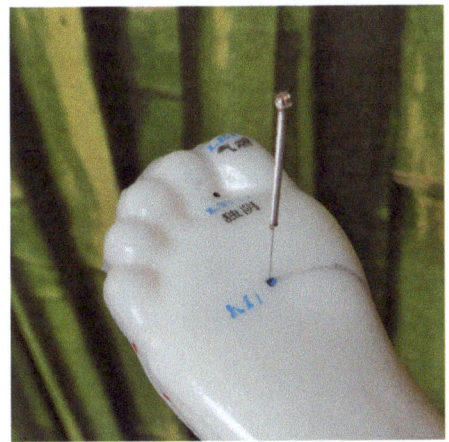

Laogong. Wenn wir die Fingerspitze des Ringfingers in die Handinnenfläche kippen, kommen wir zu diesem Punkt.

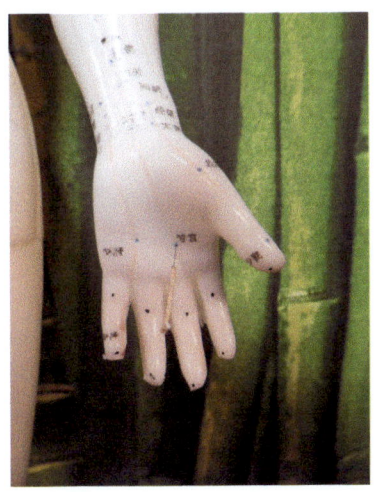

Über diese Übungsreihe

Diese Übungsreihe hat ihren Ursprung in der Songdynastie(960-1279). In der Umgebung des Tai Hu Sees wurden diese Übungen entwickelt und später modifiziert. Der Tai Hu (Pinyin Tài Hú – „sehr großer See") ist mit 2250km² der drittgrößte Süßwassersee Chinas. Er liegt im Jangtsekiang Delta im Süden der Provinz Jiangsu bei der Stadt Wuxi.

Die Energieaufnahme wird angeregt, die Muskulatur gestärkt, die Beweglichkeit verbessert, die Durchblutung der inneren Organe und die Sauerstoffaufnahme werden verstärkt. Die Imitation der Tierbewegungen und der Bewegungen eines Seebewohners regen die Phantasie von Kindern an und sorgen auch für Heiterkeit bei Erwachsenen. Man braucht nicht die ganze Übungsreihe zu vollziehen, man kann sich auch einzelne Übungen heraus nehmen für sein tägliches Übungsprogramm.

Grundstand

Füße schulterbreit und parallel hinstellen.

Knie etwas anwinkeln, aber nicht über die Fußspitzen hinaus.

Das Becken nach vorne unten kippen, sodass sich die Lendenwirbelsäule begradigt. Bei Menschen mit einem Hohlkreuz ist dies oft am Anfang schwierig, der Oberkörper neigt sich nach hinten. Dies sollte begradigt werden.

Die Wirbelsäule sollte so gerade wie möglich sein.

Das Kinn wird leicht gesenkt, die Halswirbelsäule wird gestreckt.

Alle Nervenimpulse können freier fließen.

Die Schultern zurücknehmen, dann die Arme locker hängen lassen. Die Schultern entspannen. Die Ellbogen leicht zur Seite bewegen. Dadurch entsteht etwas Platz in den Achselhöhlen.

Die Hände sind nicht gestreckt, locker, aber in den Handflächen leicht gespannt um Energie aufzunehmen. Leichte, unwillkürliche Bewegungen der Finger sind bei der Energieaufnahme ein gutes Zeichen.

Wir können uns vorstellen, dass die Füße, wie Wurzeln eines Baumes, in die Tiefe reichen. Der Oberkörper ist beweglich wie die Äste eines Baumes ohne die oben beschriebene Grundposition aufzugeben. Versuchen Sie zur Ruhe zu kommen, die Natur und die Lebensenergie in ihr, in sich aufzunehmen. Dazu sollte die innere Geisteshaltung sein wie ein leerer weißer Raum. Der Grundstand sollte vor und evtl. auch zwischen den Übungen für 1-2 Minuten eingenommen werden, um die Wirkung zu erspüren. Im Grundstand atmen wir durch die Nase, während den Übungen atmen wir durch die Nase ein und durch den geöffneten Mund aus.

Da wir uns bei Qi Gong Übungen für das Qi der Umwelt öffnen, sollten wir nicht üben bei starkem Wind(erzeugt sog. „Windkrankheiten"), an einem reissenden Fluß(entreisst uns die Energie), vor einem Gewitter(setzt uns unter Spannung) oder bei Fieber(wird erhöht). Bei einer Koronaren Herzerkrankung in Absprache mit dem Lehrer üben.

Vorbereitung

Mit lockerer rechten Faust von der linken Schulter zum linken Ellbogen, bis zur linken Hand klopfen mit lockeren Schlägen. Die Unterarminnenseite nach oben drehen und vom Handgelenk aufwärts klopfen bis zur Armbeuge und weiter zur Achselhöhle . Dort wieder zur Schulter wechseln und auf der Aussenseite nach unten klopfen. 8 Kreise. Dann die Seite wechseln und auf der rechten Seite wiederholen.

Beide Hände zu lockeren Fäusten formen und auf beiden Beinaussenseiten, von den Hüften zu den Fußgelenken, nach unten klopfen.

Auf der Beininnenseite von unten nach oben klopfen. In der Leistengegend wieder Richtung Hüften bewegen. 8 Kreise.

Vom Grundstand aus das Becken und den Oberkörper nach rechts und links drehen. Dabei die lockeren Fäuste schwingen und auf das Energiezentrum Dantian(ca. 2 Querfingerbreit unter dem Bauchnabel) und das auf der gegenüberliegenden Energiezentrum MingMen klopfen. Ca.1-2 Minuten. Dann die Fäuste etwas höher bewegen und abwechselnd auf die rechte und linke Brust und Niere klopfen.

1)Zum Himmel blicken

Einatmen: Die Hände über dem Kopf verschränken, mit den Handflächen nach oben strecken, dabei auf die Zehenspitzen gehen.

Ausatmen: Füße senken, Hände lösen sich, etwas in die Hocke gehen, Arme nach unten bewegen sodaß die Ellbogen auf den Knien ruhen.

2)Bein heben

Einatmen: Beide Hände in die Hüften stemmen und ein Bein seitlich heben, idealerweise bis zum rechten Winkel.

Ausatmen: Bein senken

8 x jede Seite

3)Knie beugen

Leichte Grätsche, Füße etwas nach aussen gerichtet.
Hände in die Seiten stemmen.
Ausatmen: In die Hocke gehen, Anus und
Unterbauch locker lassen. Rücken gerade.
Einatmen: Aufrichten, Anus und Unterbauch anspannen.   8x

4)Rudern

Aus dem Grundstand einen Fuß vorsetzen. Schulterbreit, parallel und so das die Ferse des vorderen Fußes auf gleicher Höhe wie die Zehenspitzen des hinteren Fußes sind. Die Hände halten ein imaginäres Ruder.

Einatmen: Das Ruder zum Körper ziehen und das Gewicht auf das hintere Bein verlagern. Das hintere Knie ist gebeugt, das vordere gestreckt. Die Zehen des vorderen Fußes können leicht abheben.

Ausatmen: Das Ruder nach vorne drücken und das Gewicht auf den vorderen Fuß verlagern. Das hintere Knie ist gestreckt, das vordere gebeugt. Die Ferse des hinteren Fußes kann leicht abheben.

16 x jede Seite

5)Kahnfahren

Füße hintereinander stellen. Wir fassen einen imaginären Stab(Staaken). Wenn der linke Fuß vorne steht, ist die rechte Hand über der linken Hand.

Einatmen: Den Stab nach vorne heben. Gewicht nach vorne, hintere Ferse abheben.

Ausatmen: Wir stoßen uns mit dem Stab zur rechten Seite ab. Gewicht nach hinten verlagern und die vorderen Zehen abheben.

16 x, dann Füße und Hände wechseln und den Stab zur anderen Seite bewegen. Auch dort 16 x die Übung wiederholen.

6)Segel hissen

Füße mehr als schulterbreit auseinander stellen.

Einatmen: Auf die Zehenspitzen stellen, über Kopfhöhe ein imaginäres Seil fassen, rechte Hand oben.

Ausatmen: In die Hocke gehen und das Seil nach unten ziehen. 16 x.

7)Ball vor dem Oberkörper kreisen lassen

Eine Hand in die Hüfte stemmen, die andere Hand bewegt sich kreisförmig vor dem Oberkörper.

Die Handhaltung ist wie eine offene Schale.

Wir bewegen die Hand 16 x im Uhrzeigersinn und 16 x gegen den Uhrzeigersinn. Dann die Hand wechseln.

Der Oberkörper folgt der Handbewegung.

Einatmen: Aufwärtsbewegung der Hand.

Ausatmen: Abwärtsbewegung der Hand.

8)Schwimmende Schildkröte

Füße zusammenstellen. Leichte Hocke.

Ausatmen: Beide Hände mit den Handflächen nach unten, vor die Brust halten. Kinn zur Brust.

Einatmen: Mit den Händen eine schwimmende Bewegung nach vorne und aussen machen. Kinn nach oben. Knie durchdrücken, auf die Zehenspitzen stellen.

Ausatmen: Beide Hände kehren zur Brust zurück, in die Hocke gehen, Kinn zur Brust.

8 Kreise von innen nach aussen, 8 Kreise von der Brust nach aussen und in der Mitte zurückkehren.

9)Springende Schildkröte

Einatmen: Aus dem Grundstand nach oben springen und dabei die Hände nach vorne oben schwingen. Handflächen nach vorne richten.

Ausatmen: Zurück auf die Füße, Knie locker lassen und mit den Armen, während einer Ausatmung, seitlich dreimal vor und zurück schwingen.

8 x hochspringen.

10)Kriechender Drache

Etwas mehr als schulterbreit hinstellen. Hände wie Drachenklauen halten.

Einatmen: Rechte Hand und linkes Knie heben.

Ausatmen: Rechte Hand und linkes Knie senken.

Einatmen: Linke Hand und rechtes Knie heben.

Ausatmen: Linke Hand und rechtes Knie senken.

Rechts und links im Wechsel. Mindestens 8 X jede Seite.

Wie ein Drache der sich auf dem Boden fortbewegt.

11)Pinguin

Beide Ellbogen über Schulterhöhe heben. Unterarme anwinkeln. Handaussenseite zum Gesicht gerichtet.

Einatmen: Rechten Ellbogen und rechte Ferse heben.

Ausatmen: Rechten Ellbogen auf Schulterhöhe senken, Ferse abstellen.

Rechte und linke Seite im Wechsel. 8 X jede Seite.

12)Ball schieben

Aus dem Grundstand den linken Fuß vorsetzen. Schulterbreit, parallel und so das die Ferse des vorderen Fußes auf gleicher Höhe wie die Zehenspitzen des hinteren Fußes sind.

Auf der rechten Körperseite einen imaginären Ball halten, rechte Hand unten.

Einatmen: Gewicht nach hinten verlagern, hinteres Knie locker, vorderes gestreckt. Ball an die Seite halten.

Ausatmen: Den Ball gerade nach vorne schieben. Gewicht nach vorne verlagern. Vorderes Knie locker, hinteres gestreckt.

16 x, dann die Seite wechseln, also rechten Fuß vorsetzen und den Ball auf der linken Seite schieben(linke Hand unten).

Die ganze Übung(2 x 16) wiederholen.

13) Herzdruckmassage

Mehr als schulterbreit stehen, beide Hände übereinander legen.

Einatmen: Beide Hände auf Brusthöhe halten.

Ausatmen: Beide Hände nach vorne, unten drücken, dabei leicht in die Knie gehen.

16 x

14)Hand zum Fuß

Leichte Grätsche.

Einatmen: Hände locker zu beiden Seiten hängen lassen.

Ausatmen: Rechte Fingerspitzen zum linken Fuß und linke Hand nach hinten, oben bewegen.

Einatmen: Hände locker zu beiden Seiten hängen lassen.

Ausatmen: Linke Fingerspitzen zum rechten Fuß und rechte Hand nach hinten, oben bewegen.

8 x jede Seite

15)Wildgans im Fluge

Etwas breiter als schulterbreit stellen. Den Oberkörper nach vorne beugen.

Einatmen: Die Arme seitlich heben, bis zur waagrechten Ebene. Leicht schwingend, wie eine Wildgans ihre Flügel im Flug bewegt.

Ausatmen: Die Arme senken

8 x

16) Der Bär

Lockere Fäuste vor die Ohren halten. Den Oberkörper nach links und rechts schwanken und mit den Beinen auf der Stelle trotten, wie ein Bär.

Einatmen: 2 Schritte

Ausatmen: 2 Schritte

17)Der Angler

Den linken Fuß vor den rechten stellen, eine imaginäre Angelrute halten.

Einatmen: Gewicht nach hinten verlagern, vorne die Zehen abheben. Die Angelrute über dem Kopf kreisen lassen. Nach oben auf die Rute schauen.

Ausatmen: Den imaginären Angelhaken nach vorne auswerfen, dabei das Gewicht auf den vorderen Fuß verlagern.

8 x, dann den rechten Fuß nach vorne setzen und 8 x die Übung wiederholen.

18)Ball hochwerfen

Einatmen: Unter der Brust beide Hände schalenförmig halten. Die Hände nach oben führen als hielten sie einen Ball. Den imaginären Ball nach hinten oben führen. Die Augen folgen dem Ball.

Ausatmen: Den imaginären Ball nach vorne werfen.

16 x.

19)Auswerfen des Fischernetzes

Aus dem Grundstand den linken Fuß vorsetzen. Schulterbreit, parallel und so das die Ferse des vorderen Fußes auf gleicher Höhe wie die Zehenspitzen des hinteren Fußes sind.

Einatmen: Mit beiden Händen rechts unten ein imaginäres Fischernetz fassen.

Ausatmen: Das Netz nach links vorne werfen.

8 x, dann die Seite wechseln. Rechten Fuß vorsetzen und das Netz links unten fassen. Ebenfalls 8 x.

20)Einholen des Fischernetzes

Aus dem Grundstand den linken Fuß vorsetzen. Schulterbreit, parallel und so das die Ferse des vorderen Fußes auf gleicher Höhe wie die Zehenspitzen des hinteren Fußes sind.

Einatmen: Mit beiden Händen vorne unten ein imaginäres Fischernetz fassen und hochziehen. Gewicht nach vorne.

Ausatmen: Gewicht nach hinten. Das Netz weiter nach hinten oben ziehen und Hände öffnen.

8 x, dann die Seite wechseln. Rechten Fuß nach vorne setzten und die Übung 8 x wiederholen.

Qi Gong Bücher von Hartmut von Czapski

Qi Gong im Sitzen

ISBN 9783750424692

Englische Version: ISBN: 9783750431409

In diesem Buch werden 34 Qi Gong Übungen beschrieben die im Sitzen durchgeführt werden. Von einfachen Bewegungsübungen zu Tuina Massage Übungen, Atemübungen und Konzentrationübungen. Diese Übungen verbessern die Energieaufnahme, stärken die Selbstheilungskräfte und bewirken einen Ausgleich des vegetativen Nervensystems. Sie fördern die Konzentrationsfähigkeit und innere Ruhe. Sie wirken positiv auf die Verdauungsorgane, die Muskulatur, die Sehnen, Gelenke und die Wirbelsäule . Die erhöhte Sauerstoffaufnahme stärkt das Herz und die Lungen.

Es eignet sich sehr gut als Übungsbuch für die Arbeitsmedizin, für Altenheime, als Abschluss für jeden Qi Gong Kurs oder einfach für zwischendurch für alle Büro- oder Computer-arbeiter. Die vielen Fotos und die klare Beschreibung machen es leicht die Übungen nachzuvollziehen.

Taiji Qi Gong

ISBN 9783749469413

Englische Version: ISBN:9783752820072

In diesem Buch werden 22 Taiji Qi Gong Übungen beschrieben. Diese Übungen verbessern die Energieaufnahme, stärken die Selbstheilungskräfte und bewirken einen Ausgleich des vegetativen Nervensystems.

Sie fördern die Konzentrationsfähigkeit und innere Ruhe. Sie wirken positiv auf die Verdauungsorgane, die Muskulatur, die Sehnen, Gelenke und die Wirbelsäule. Die erhöhte Sauerstoffaufnahme stärkt das Herz und die Lungen.

Qi Gong Standübungen

ISBN 9783744809665

In diesem Buch werden 23 Qi Gong Standübungen beschrieben.

Diese Übungen verbessern die Energieaufnahme, stärken die Selbstheilungskräfte und bewirken einen Ausgleich des vegetativen Nervensystems. Sie fördern die Konzentrations-fähigkeit und innere Ruhe. Sie stärken die Muskulatur und die Sehnen. Die Standpositionen der 5 Tiere(Affe, Hirsch, Bär, Tiger, Kranich) sind auch für Kinder gut geeignet.

Medizinisches Qi Gong nach Prof. Wu

ISBN 9783744829427

In diesem Buch werden Übungen gezeigt die u.a. bei folgenden Beschwerdebildern eine ausgezeichnete Wirkung zeigen: bei hohem und niedrigen Blutdruck, Magen- und Darmbeschwerden, Lungenproblemen, Schlaflosigkeit, Nervosität, Konzentrations-schwäche, Energielosigkeit, Rückenschmerzen und übermässigem Stress.

Bei regelmässiger und ausdauernder Übung des Qi Gong kann der Praktizierende seinen Gesundheitszustand verbessern und innere Ruhe und Entspannung finden. Da die Übungen mit unterschiedlichem Kraftaufwand durchgeführt werden können, eignen sie sich auch für ältere, geschwächte Menschen.

Jedes Buch kostet 12,-€. Die Bücher sind in jedem Buchhandel oder im Internet bei Amazon oder bei www.bod.de erhältlich. Dort ist auch eine kleine Vorschau möglich. Auch als e-book erhältlich.